Lindi Masters

Lizzie Masters

EXISTE A ÁRVORE DA VIDA DENTRO DE MIM

Escrito por
Lindi Masters©

Ilustrado por
Lizzie Masters©

Lindi Masters

Lizzie Masters

EXISTE A ÁRVORE DA VIDA DENTRO DE MIM

Este livro pertence a:

_____

O meu corpo tem uma árvore da vida dentro
dele. Tem muitos pontos diferentes nele.
O meu corpo é o Templo do Espírito Santo.

Quando eu oro sobre os pontos diferentes no meu corpo, isso traz alinhamento ao meu corpo. Alinhamento significa colocar em linha na posição certa.

Sabe que a sua cabeça é um portão e tem uma coroa?
Quando eu oro sobre a minha cabeça, eu trago alinhamento.

Levantai, ó portas, as vossas cabeças
Salmo 24:9

Eu oro sobre a minha orelha direita, que é um ponto no meu corpo.
Este ponto é chamado sabedoria.
Obrigado pela sabedoria no meu corpo Jesus.

Bem aventurado aquele que acha sabedoria.
Provérbios 3:13

A minha orelha esquerda é um ponto de alinhamento no meu corpo também. Este ponto é chamado compreensão. Obrigado Jesus por me dar compreensão.

Ame a sabedoria como a uma parente muito chegada
Provérbios 7:4(b)

Quando eu oro sobre o ponto no meu peito, eu trago alinhamento. Este ponto é chamado conhecimento.

O conhecimento é como a cola que une as informações.

Sabedoria e entendimento unem-se no meu ponto de conhecimento.

Minha barriga é um ponto de alinhamento no meu corpo chamado Glória. As minhas emoções estão aqui e às vezes eu sinto borboletas ou estou animado ou triste na minha barriga. Eu oro sobre a minha barriga para trazer alinhamento e paz.

Quem crê em mim, como diz a escritura, rios de água viva correrão do seu ventre.
João 7:38

No meu quadril direito é um ponto chamado Vitória. Quando eu oro sobre este ponto traz alinhamento e ordem ao meu corpo.

Mas graças a Deus que no dá a vitória por Jesus.
1 Coríntios 15:57

Eu gosto de orar sobre o ponto esquerdo no meu corpo, que está no meu quadril esquerdo. Este ponto libera reverência, que é admiração e espanto no meu corpo.

Todos continuaram sentindo um sentimento de admiração e muitas maravilhas e sinais estavam acontecendo por meio dos apóstolos.
Atos 2:43

Abaixo do meu umbigo existe um ponto que também traz alinhamento ao meu corpo. Este ponto traz a criatividade de Jeová para o meu corpo.

A criatividade também faz parte da minha imaginação. A imaginação tem portas pelas quais podemos passar e nos envolver no Céu com Jesus.

Nos meus joelhos e pés é um ponto de alinhamento.
Quando eu oro sobre estas áreas no meu corpo eu trago descanço ao meu corpo. Também me firma com a terra, e ao Céu.

Porque a ardente expectação da criatura espera a manifestação dos filhos de Deus.
Romanos 8:19

O meu corpo tem a Árvore da Vida
dentro dele.

Eu amo o meu corpo.

Eu sou feito maravilhosamente.

Eu sou gentil.

Eu sou forte.

O meu corpo é o Templo do Espírito
Santo.

Este livro é o sexto de uma série criada para inspirar as crianças a explorar e se envolver nos Reinos do Reino de Jeová. Olhamos mais de perto A árvore da Vida.